★ 관련 교과

3학년 물질의 성질

다판다 만물 트럭

② 한밤중 위조지폐 사건

서지원 지음 | 이종혁 그림

내 이름은 레니야. 너구리로 오해받으면 정말 기분 나빠. 나는 '레서판다'이고, '작은 판다'라고도 부르지.

내 옆에는 든든하고 지혜로운 자이언트 판다인 다판다 탐정님이 있어. 정식 탐정은 아니고 살짝 탐정이지만, 남의 사건에 참견하는 걸 좋아해서 기가 막힌 추리력으로 사건을 척척 해결할 때면, 우와! 하고 감탄이 저절로 터져.

나는 덩치가 작고 날쌔지만, 성격이 좀 급하다는 게 단점이야. 그렇지만 느리고 굼뜬 다판다 탐정님과 손발이 짝짝 맞아서 만물 트럭을 타고 다니며 사건을 해결해. 지금은 탐정님의 임시 조수이지만, 언젠가는 반드시

정식 조수가 될 거야. 그리고 연락이 끊긴 부모님도 꼭 찾을 거야.

요즘 세상에는 가짜가 너무 많아. 가짜 가운데 가장 심각한 것이 가짜 돈, 즉 위조지폐야. 힘들고 어렵게 번 돈이 진짜가 아니고 위조지폐라면 얼마나 괴롭고 속상하겠어? 그래서 다판다 탐정님과 나는 위조지폐를 발견해 내고, 위조지폐를 만든 범인도 찾아낼 거야.

그러자면 꼭 필요한 능력이 바로 과학, 그 가운데 '물질의 성질'에 관해 잘 알아야 해. 물체가 어떤 재료로 만들어졌는지, 물체를 어떻게 분류해야 하는지, 물질은 어떤 성질을 가졌는지, 서로 다른 물질을 섞으면 물질의 성질이 어떻게 되는지를 안다면 위조지폐도 찾아내고 위조지폐범도 잡을 수 있을 거야! 자, 나와 함께 범인을 추적하러 출동!

작가 서지원

등장인물 및 배경 소개

다판다
멍든 곰으로 오해받지만, 판다야. 만물 트럭을 타고 세상을 돌아다니며, 놀라운 추리력으로 사건을 밝혀내지.

레니
맑은 눈을 가진 레서판다로, 다판다의 조수야. 성격이 좀 급하다는 게 단점.

돈조아 은행장
꼼꼼하고 성실한 은행장. 평소에도 걱정이 많은데 얼마 전부터 은행에 위조지폐가 들어오기 시작하면서 걱정이 더 많아졌어.

피그렛 부인

목걸이, 귀걸이, 반지 같은 보석을 매우 좋아하는 돼지 부인. 화려한 보석 장신구를 휘감고 다니지. 무거운 장신구 때문에 걸을 때마다 쿵쿵 공룡 발걸음 소리가 나.

타타 양

일하기 싫어하고 쇼핑을 좋아하는 철없는 아가씨. 날마다 쇼핑만 하고 살고 싶다고 소원을 빌었는데, 어느 날 그 소원이 진짜 이루어졌어!

부엉이 사장

인쇄소 사장. 타타 양을 직원으로 고용해 놓고 일은 시키지 않으면서 많은 돈을 월급으로 주는 수상한 인물.

비스킷 마을

평화롭고 조용한 마을.

차례

🐼 **1 하늘에서 돈이 비처럼 쏟아져** … **10**
  • 다판다 탐정의 과학 퀴즈 / 28

🐼 **2 사치 왕이 누굴까?** … **30**
  • 다판다 탐정의 과학 퀴즈 / 44

3 수상수상 인쇄소 … **46**
  • 다판다 탐정의 과학 퀴즈 / 60

4 위기의 다판다 … **62**

★ 다판다 탐정의 과학 교실 / 83

물질의 성질을 알게 되면 위조지폐범에게 속지 않을거야!

1
하늘에서 돈이 비처럼 쏟아져

"그런데 다판다 탐정님도 엄마, 아빠의 편지가 어딘가 이상하다고 느낀 거죠?"

"그, 글쎄?"

다판다는 일부러 먼 산을 바라보았어.

사실 레니가 보여 준 편지를 보고 다판다는 금방 눈치를 챌 수 있었지. 그 편지는 살려 달라는 메시지가 숨어 있는 SOS 편지였어.

레니에게

엄마랑 아빠는 잘 지내고 있어. 할머니 말씀 잘 듣고 마당에서 너무 오래 놀지 말아라.

살이 찌지 않도록 군것질도 많이 하지 말고 여동생이랑 다투지 않고 사이좋게 지내도록 해.

조용히 지내고 있으면 엄마, 아빠가 꼭 데리러 갈게.

"정말 이상해요. 우리 할머니 집에는 마당이 없고, 나는 단 음식을 좋아하지도 않아요. 그리고 무엇보다 내게는 여동생이 없거든요. 그런데 엄마는 왜 이런 편지를 보낸 걸까요?"

"흐음!"

다판다는 레니를 물끄러미 바라보았어. 레니는 분명 부모님에게 무슨 일이 생긴 거라며 자기가 꼭 구해 줄 거라고 말했지.

다판다는 커다란 지도를 펼쳤어. 그리고 어딘가를 한참 뚫어지게 바라보더니 다음 목적지를 비스킷 마을로 정했어.

"탐정님, 비스킷 마을에는 왜 가는 거예요?"

"난 비스킷을 아주 좋아하거든! 맛있는 비스킷을 실컷 먹을 수 있다면 얼마나 행복할까?"

"에이, 고작 그게 이유라고요?"

레니가 볼을 풍선처럼 부풀리며 삐죽거렸어. 그러거나 말거나 바퀴 달린 백화점인 다판다의 만물 트럭이 달리기 시작했지.

레니는 달리는 트럭의 창문을 살짝 열었어. 시원한 바람이 레니의 털을 간지럽혔지.

레니는 무척 설렜어.

'이번에는 어떤 사건과 만나게 될까? 사건이 터지면 멋지게 나타나서 날카로운 눈빛으로 용의자를 찾으며 멋진 추리를 해야지!'

레니는 이런 생각을 하며 흥얼거렸지.

하지만 오랜 시간 끝에 도착한 비스킷 마을은 그 어느 곳보다 평화로워 보였어. 동물들은 모두 밝고 즐거워 보였지. 마을을 둘러본 레니는 어깨를 축 늘어뜨렸어.

"에이, 뭐야. 여긴 사건 따위는 전혀 일어나지 않을 것 같아."

고개를 푹 숙인 채 레니는 만물 트럭이 있는 곳으로 발길을 돌렸어. 땅만 쳐다보고 걷던 레니는 누군가와 쾅 부딪히고 말았지. 레니가 고개를 들어 한숨을 내쉬며 고개를 숙였어.

"휴, 죄송해요."

"오우, 괜찮아. 앞을 보지 않은 내 잘못인 걸."

레니가 부딪힌 동물은 이곳 비스킷 마을에 있는 마니 은행의 은행장인 오소리 돈조아 씨였어.

"아저씨, 은행장이세요?"

"그걸 어떻게 알았니? 대단한 추리 능력이구나."

"그야 아저씨 가슴에 '마니 은행장 돈조아'라고 쓰인 명찰이 있으니까요."

돈조아 씨가 멋쩍은 표정으로 고개를 끄덕였어.

"그런데 아저씨, 왜 그렇게 기운 없는 표정이세요? 무슨 사건이라도 생겼나요?"

"사건? 그, 그걸 네가 어떻게? 역시 대단한 추리 능력이야!"

돈조아 씨의 눈이 휘둥그레졌어. 순간 레니가 솔깃한 표정으로 물었지.

"뭔데요? 무슨 사건이에요? 어떤 일이든 저희에게 의뢰해 주세요. 저랑 다판다 탐정님은 정말 유능한 탐정이거든요!"

"타, 탐정이라고?"

돈조아 씨의 눈빛이 마치 파도처럼 흔들거렸어. 돈조아 씨는 무언가 들키면 안 되는 큰 비밀을 들킨 사람처럼 인상이 굳어졌지.

바로 그때였어.

"돈이다! 돈!"

"하늘에서 돈이 떨어진다!"

갑자기 요란한 소리가 들리더니 동물들이 우르르 달려가기 시작했어. 레니와 돈조아 씨도 부랴부랴 뒤를 따라 달렸어.

맙소사, 정말 하늘에서 돈이 비처럼 내리고 있었어.

"돈을 주워야 해!"

"히히, 난 이걸로 냉장고를 새로 바꿔야지!"

"비켜요, 내 돈을 밟고 있잖아욧!"

동물들은 하늘에서 떨어진 돈을 줍느라 정신이 없었어. 서로 밀치고 다투기까지 했지. 레니는 어안이 벙벙한 눈으로 그 광경을 바라보았어.

그때 돈조아 씨가 짧은 팔다리를 버둥거리며 크게 소리쳤어.

"잠깐, 잠깐! 여러분, 이건 진짜 돈이 아니에요!"

"뭐라고요?"

허겁지겁 땅에 떨어진 돈을 줍던 동물들이 일제히 행동을 멈추었어. 놀란 동물들은 돈을 이리저리 살펴보았지. 그러자 돈의 뒷면에 '빅파이 백화점'이라는 글자가 보였어. 하늘에서 떨어진 돈은 사실 백화점에서 손님을 끌기 위해 뿌린 전단지였던 거야.

"에잇, 좋다 말았네!"

"가짜 돈으로 동물을 속이다니, 이거 너무 한 거 아니에요?"

동물들은 주섬주섬 줍던 돈을 바닥에 던져 버렸어. 딱

한 동물만 빼고 말이지.

　뒤뚱거리며 전단지를 줍고 있는 건 바로 다판다였어.

"다판다 탐정님, 여기서 뭐 하시는 거예요?"

"수상한 점이 보여서 증거를 수집 중이란다."

"증거요? 이건 그냥 전단지일 뿐이잖아요."

"아니, 이게 나중에 아주 큰 쓸모가 있을지도 몰라."

　다판다가 전단지를 줍고 있을 때, 돈조아 씨가 갑자기 짧은 다리를 쾅쾅 구르며 소리쳤어.

"에잇, 가짜 돈이건, 가짜 돈으로 만든 전단지건, 이딴 걸 만드는 동물들은 다 잡아들여야 해!"

그 말을 들은 다판다가 눈을 빛내며 물었어.

"잠깐, 당신은 누구시죠?"

돈조아 씨의 말에 레니가 끼어들었어.

"다판다 탐정님, 이분은 마니 은행의 돈조아 은행장님이에요. 우린 방금 길에서 만난 사이고요. 사건을 의뢰하시겠대요."

"오호라."

다판다가 돈조아 은행장 주위를 한 바퀴 돌기 시작했어.

"지금 뭐 하시는 거죠?"

돈조아 은행장이 날카롭게 소리쳤어.

"정말 심각한 일이 벌어진 거로군요?"

"그, 그게!"

"넥타이도 없고, 어깨도 축 늘어져 있고, 잠을 못 잤는지 눈 밑이 시커멓고 거기다가 피부는 푸석푸석하고, 털

은 윤기를 잃었군요. 틀림없이 남들에게 말 못 할 고민이 있다는 거죠."

다판다의 말에 돈조아 은행장은 뒷걸음질을 쳤어. 레니는 안심하라고 말했지.

"은행장 님. 다판다 님은 저랑 같이 일하는 탐정이에요, 탐정!"

"헉, 정말이냐? 얼굴은 멍든 곰처럼 생기셨는데?"

"곰이 아니라 판다예요. 게다가 실력이 엄청난 탐정이라고요. 얼마 전에는 알파벳 마을 피그 씨의 빵집에 개똥을 던진 범인도 붙잡았어요."

그 말을 들은 돈조아 은행장은 눈을 반짝였어.

"혹시 위조지폐범도 잡을 수 있겠소?"

"위조지폐라고요? 가짜 돈을 말하는 거죠?"

레니가 다시 끼어들자 돈조아 은행장의 표정이 심각하게 일그러졌어.

"그래. 이건 아무에게도 말하지 않은 건데, 사실 얼마

전부터 우리 은행에 위조지폐가 들어오고 있어."

돈조아 은행장은 이대로 가면 은행이 망할지도 모른다고 울먹거렸어.

"위조지폐가 발견된 게 언제부터인가요?"

"지난주? 아니, 지지난 주였던 것 같기도 하고. 사실 훨씬 오래전부터 위조지폐가 돌아다녔을지도 모르지."

돈조아 은행장은 이 사실이 알려지면 마을 동물들이 은행에 맡겨둔 돈을 너도나도 찾아가려 할 거고, 그러면 은행이 망하고 말 거라며 걱정했어.

"어째서요?"

"그야 가짜 돈과 진짜 돈도 구분 못 하는 은행을 믿고 돈을 맡길 동물은 없으니까."

그때 다판다가 목소리를 내리깔며 말했어.

"좋습니다, 이 사건. 제가 맡죠."

그러더니 다판다는 잽싸게 트럭으로 뛰어 들어가서 무언가를 찾아 뒤적거리기 시작했어. 트럭 안에서는 씹으면 이빨이 부러지는 빵, 구우면 코에 붙어 버리는 소시지, 가장 못 생겨지는 변장 도구, 나쁜 놈 전용 경찰봉,

무조건 홈런 야구방망이 같은 것들이 튀어나왔지. 그래도 다판다의 뒤적거림은 멈추지 않았어. 한참 만에 다판다는 돋보기와 손전등을 찾아냈어.

"트럭에 무슨 물건이 그렇게나 많은 거요?"

"다 쓸 데가 있으니 담아 두었죠."

다판다가 또 다른 물건을 뒤적뒤적 찾으며 대꾸했어.

"이 많은 물건을 대체 어디다 쓰려는 건데요?"

"그야 물건은 저마다 각기 다른 성질을 갖고 있으니 상황에 따라 다르죠. 물건마다 고유한 성질이 있는 법이잖아요."

"그렇긴 하지만…… 그나저나 저 많은 물건을 어떻게 트럭에 다 담았지?"

돈조아 은행장이 어이없는 표정을 지었어.

"다판다 탐정님. 이번 기회에 트럭 안의 물건을 정리하는 건 어떨까요? 기왕이면 물건의 성질대로 구분해서 정리해도 좋고요."

레니가 이렇게 말하자 다판다는 윽, 하고 고개를 돌려 버렸어.

　"이 많은 물건을 하나하나 정리하자고? 에이, 그건 불가능해!"

다판다 탐정의 과학 퀴즈

Q 다판다는 모든 물질마다 성질이 다르다고 말했다. 화폐인 동전과 지폐는 각각 어떤 성질을 가지고 있을까?

A 같은 화폐지만 동전과 지폐는 성질이 다르다. 동전은 금속으로 만들어져 불에 타지 않고 고체라서 단단하고, 잘 구부러지지 않는다. 하지만 많이 가지고 다니면 무거워서 불편하고, 물에 가라앉는다.
지폐는 가볍고 접을 수 있어 가지고 다니기도 편하다. 하지만 불에 타고, 물에 젖으면 찢어질 수 있다.

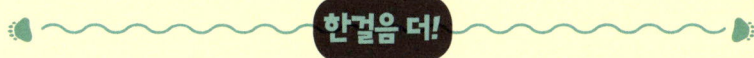

★ 물체와 물질의 다른 점
물체를 만드는 재료를 '물질'이라고 한다. 고무, 유리, 종이, 나무, 플라스틱은 물질이다. 고무의 성질은 손으로 잡아당기면 쉽게 늘어난다. 유리는 투명하고 깨지기 쉽다. 종이는 쉽게 찢어지고 접을 수 있다. 나무는 물에 잘 뜬다. 플라스틱은 값이 싸서 다양한 물체를 만들 수 있다.

★ 쓰임새에 따라 골라 쓰는 물질
종류가 같은 물체라도 서로 다른 물질로 만들면 쓰임새에 따라 알맞게 골라서 사용할 수 있다. 같은 장갑이라도 고무장갑은 질기고 물이 스며들지 않아 주방에서 사용한다. 가죽장갑은 부드럽고 바람이 통하지 않아 보온용으로 겨울에 사용한다.

2 사치 왕이 누굴까?

"다판다 탐정님, 이거 정말 어마어마한 사건이에요! 비스킷 마을에서 이런 엄청난 사건을 맡을 줄이야! 이제 뭘 할까요? 범인은 어떻게 찾지요? 찾으면 뭐라고 해야 할까요?"

레니가 방방거리며 소리쳤어.

"조수, 흥분하지 말고 일단 마을을 돌아다니면서 요즘 씀씀이가 커진 동물이 누군지 찾아내도록 해."

다판다는 늘어지듯 하품을 하며 말했지.

"씀씀이요?"

"그래, 예전과 달리 돈을 펑펑 쓰고 다니는 사치스러워진 동물을 찾으면 돼."

"헉, 위조지폐범이 돈을 펑펑 쓰고 다니는 건가요?"

"그건 모르지. 하지만 적어도 위조지폐범과 관련이 있는 동물이 돈을 많이 쓰고 다니겠지?"

다판다의 말에 레니는 얼른 수첩을 꺼내서 깨알같이 적었어.

'돈을 펑펑 쓰고 다니는 사치 왕을 찾아라!'

그러다 문득 다판다는 뭘 할 건지 궁금해졌지.

"다판다 탐정님은 어디로 갈 거예요?"

"나는 마을에서 가장 비싼 물건을 많이 파는 곳으로 갈 거란다."

"거기가 어딘데요?"

레니가 눈을 동그랗게 뜨며 물었어. 다판다는 아까 바닥에서 주운 가짜 돈 전단지를 내밀었지.

"바로 이곳이지. 빅파이 백화점!"

"역시 탐정님의 추리는 훌륭해요!"

레니는 다판다의 말대로 요즘 씀씀이가 커진 동물을 찾으려고 귀를 쫑긋하고 다녔어.

그때 피그렛 부인이 엄청나게 화려한 보석을 주렁주렁 휘감고 걸어가는 게 보였어. 몸에 휘감은 보석이 얼마나 많은지 그 무게 때문에 피그렛 부인이 지나갈 때마다 바닥에 발자국이 쿵쿵 찍힐 정도였지.

"우와, 눈부셔!"

레니가 입을 쩍 벌리고 감탄할 때였어. 청소부인 생쥐 밀키 씨가 빗자루를 움켜쥐며 구시렁거렸어.

"흥, 도둑 따위 부러워할 것 없다."

"도둑요? 설마 피그렛 부인이 도둑이라는 거예요?"

"그래, 피그렛 부인은 평소에도 사치가 심해서 늘 빚에 허덕였어. 그런데 요즘 들어서는 어디서 보석이 생긴 건지 갑자기 더 요란하게 치장하고 다니지 뭐니."

알고 보니 밀키 씨는 예전에 피그렛 부인에게 돈을 빌려준 적이 있었다지 뭐야.

"내 돈은 갚을 생각도 하지 않고 보석이나 사다니! 아니, 틀림없이 돈을 훔친 걸 거야."

"하지만…… 정확한 증거도 없이 다른 동물을 의심하면 안 되잖아요."

레니의 말에 밀키 씨는 콧방귀를 뀌었어.

"밀키 아저씨, 혹시 피그렛 부인 말고 갑자기 돈을 펑펑 쓰고 다니는 동물을 본 적이 있나요?"

"그건 왜 묻는 거니?"

"그, 그냥요."

레니가 머리를 긁적이며 얼버무렸어. 밀키 씨가 주위를 두리번거리며 살피더니 레니에게 다가와 소곤소곤 귓속말을 했어.

그 말을 들은 레니는 얼른 다판다에게 조사한 걸 알려야겠다고 생각했어. 레니는 부랴부랴 빅파이 백화점을 향해 뛰었지.

"아얏!"

다급히 뛰어 들어가던 백화점 입구에서 레니는 누군가와 부딪히고 말았어. 바로 엄청난 양의 쇼핑백을 들고 가던 타타 양이었지.

"죄송해요!"

"아냐, 나도 미안. 쇼핑백이 너무 많아서 앞을 볼 수가 없었어."

레니는 바닥에 떨어진 물건을 주섬주섬 주워 담다가 문득 이상하다는 생각이 들었어.

"누나, 누나는 무슨 일을 해요? 무슨 돈으로 이 많은 물건을 산 거예요?"

"그게 왜 궁금하니?"

레니의 질문에 타타 양이 인상을 팍 찌푸렸어. 레니의 질문이 무척 무례하다고 느낀 것 같았지.

"아니, 전 그냥……."

레니가 머리를 벅벅 긁었어. 바로 그때 다판다가 나타났지.

"세상에, 쇼핑을 아주 많이 하셨네요? 진주로 만든 목걸이도 사셨고요. 하지만 털이 흰 타조에게는 그것보다 고급스러운 흑진주 목걸이가 더 잘 어울릴 텐데."

"흑진주 목걸이는 백화점에 없던데요?"

"다판다 만물 트럭에는 있어요. 바다 깊은 곳에서만 나는 최, 최, 최고급 흑진주 목걸이죠."

"정말요?"

타타 양의 눈이 휘둥그레졌어. 타타 양은 당장이라도 흑진주 목걸이를 보고 싶다는 듯 발을 동동 구르기까지 했지.

"한번 보시겠어요?"

"물론이죠!"

"그런데 흑진주 목걸이는 무척 비싸요."

"상관없어요, 전 돈이 아주 많거든요!"

"정말요? 그런데 아가씨는 무슨 일을 하는데 돈이 그렇게 많은가요?"

"저는 그냥 회사에 다니고 있지만 어쨌거나 돈이 아주 많아요. 내가 무슨 일을 하는지랑 흑진주 목걸이랑 무슨 상관이죠?"

타타 양은 퉁명스럽게 말하며 당장 흑진주 목걸이를 보여 달라고 소리쳤어. 다판다는 트럭을 몰고 와 빅파이 백화점 앞에 세웠지.

"잠시만 기다리세요!"

다판다는 트럭으로 들어가서 무언가를 주섬주섬 꺼냈어. 트럭에서는 온갖 물건이 나오기 시작했어. 굴비 세트도 나오고 망치랑 톱도 나오고, 베개랑 이불 세트도 나오고, 심지어 육포랑 통조림 세트도 나왔지.

"흑진주 목걸이가 있긴 한가요?"

"그럼요, 여기 어디 있을 텐데, 잠시만요. 아, 찾았다! 찾았어요!"

다판다는 트럭 어딘가에서 눈이 부실 정도로 반짝거리는 흑진주 목걸이를 꺼냈어. 먼지가 조금 묻어 있긴

했지만 정말 아름다웠지.

타타 양은 당장 목걸이를 사겠다고 소리쳤어.

하지만 다판다가 고개를 가로저었지.

"이건 아주 비싸요."

"전 돈이 많다니까요?"

"그러면 돈부터 보여 주세요."

"흥!"

타타 양은 가방을 뒤적뒤적거리더니 돈을 꺼내기 시작했어. 타타 양의 가방에는 돈이 휴지 뭉치처럼 가득했지.

다판다는 타타 양이 꺼내 준 돈을 눈여겨 보았어.

순간, 반짝! 다판다의 눈동자가 빛났지. 돈에 그려진 그림 색깔이 얼룩덜룩 살짝 흐릿한 걸 발견했거든.

다판다 탐정의 과학 퀴즈

Q 다판다는 타타 양이 가지고 있던 돈의 그림이 흐릿해져 있는 것을 발견했다. 돈이 물에 젖으면 그림이 지워질까?

A 지폐를 현미경으로 살펴보면 그림이 물감으로 그려진 것이 아니라는 걸 알 수 있다. 돈을 확대하면 그림 안에 작은 도형과 글자가 그려져 있다. 따라서 지폐에 그려진 그림의 색깔이 흐릿해지거나 뭉개져 있으면 가짜 돈일 가능성이 높다.

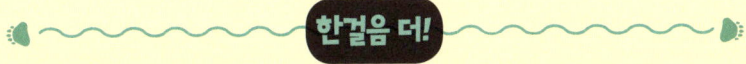

★ **은행자동 입출금 기계가 위조지폐를 알아내는 법**

5,000원짜리, 10,000원짜리 지폐에는 자석이 들어 있다. 지폐를 길게 접어 가느다란 철사 위에 올려놓고 네오디뮴 자석(보통 자석보다 강력한 자석)을 움직이면 지폐가 빙글빙글 돈다.

또 지폐를 인쇄할 때는 자성 잉크를 사용한다. 지폐 안에 들어 있는 자성 잉크는 아주 소량이라 자석에 붙을 정도는 아니지만, 강력한 자석을 대면 끌려온다. 그래서 은행 자동 입출금 기계나 지폐를 세는 장치에는 자성 잉크를 감지하는 센서가 있어 가짜 지폐를 쉽게 구분해 낼 수 있다.

3
수상수상 인쇄소

"잠깐, 타타 양, 이 돈이 어디서 났어요?"
"그런 게 무슨 상관이죠? 내가 번 돈이라고요!"
타타 양이 소리를 빽 질렀어.
"어디서 월급을 이렇게나 많이 주는 거죠?"
"부엉이 인쇄소요! 한 달 전에 취직했단 말이에요!"
"오호라? 거기서 무슨 일을 하는데요?"
"그런 게 왜 궁금한 거죠?"

타타 양은 몹시 신경질적인 표정을 지었어. 하지만 다판다는 태연했지.

"나도 돈을 아주 많이 벌고 싶어서 그래요. 할 수만 있다면 거기 취직하고 싶군요."

"안 돼요, 일을 하지 않고 월급을 받을 수 있는 직장을 당신이랑 나눠 가질 생각은 없어요!"

"일을 하지 않는다고요?"

"그, 그래요! 빨리 목걸이나 달라고요!"

타타 양은 당장 흑진주 목걸이를 달라고 소리쳤어. 다판다는 흑진주 목걸이가 담긴 상자를 내밀었지.

그때 레니는 분명히 보았어. 다판다가 원래 목걸이 상자 대신 다른 상자로 슬쩍 바꿔치기한 다음 타타 양에게 내미는 것을.

"꿀꺽!"

레니는 침을 삼키며 다판다의 행동을 지켜보았어. 다판다는 레니를 향해 눈을 찡긋하더니 씨익 웃음을 지었지. 그 사이, 흑진주 목걸이를 찬 타타 양이 콧노래를 부르며 사라졌어.

"다판다 탐정님, 뭔가 있는 거죠? 뭐예요? 뭘 알아낸 거예요?"

레니는 궁금해서 견딜 수 없었어.

다판다는 날카로운 눈빛으로 타타 양이 준 지폐를 살펴보았어.

"역시 그렇군. 타타 양이 준 돈은 모두 가짜야."

"그걸 어떻게 알아요? 진짜인지, 가짜인지 글이 쓰여 있는 것도 아니잖아요."

"아니, 가짜 돈은 티가 나."

다판다는 타타 양이 내민 지폐를 위아래로 기울여 보였어. 레니는 고개를 갸웃했지.

"뭐 하는 거예요?"

"진짜 지폐는 만져 보면 그림과 글자가 오톨도톨하게 인쇄되어 있단다. 그리고 지폐를 위아래로 기울여 보면 반짝거리는 홀로그램과 은색 줄이 보이고, 지폐 뒷면에 금액을 나타내는 숫자의 색깔도 변하지."

"헉!"

하지만 타타 양이 준 돈은 홀로그램도 보이지 않았고 은색 줄도 보이지 않았어.

"그리고 결정적인 증거 하나! 진짜 지폐를 햇빛이나 전등에 비춰 보면 숨은 그림과 숨은 선이 나타나."

"이건 아무것도 없네요?"

"그래, 이건 종이에다 돈 그림을 인쇄한 가짜니까."

"설마, 타타 누나가 위조지폐를 만든 걸까요?"

"이제부터 그걸 알아봐야지."

"그럼 다른 동물은요? 피그렛 부인도 수상하고, 대처 아저씨도 수상한데!"

레니의 말에 다판다가 빙그레 미소를 지었어.

"피그렛 부인이 새로 샀다고 자랑한 목걸이와 반지, 팔찌는 가짜야."

"네?"

"진짜 보석은 그렇게 무겁지 않아. 아마도 피그렛 부인의 보석은 쇠로 만든 액세서리에 보석 색깔을 입힌 가짜일 거야."

"와! 그걸 어떻게 알아냈어요?"

"피그렛 부인이 걸을 때마다 소리가 너무 컸고, 피그렛 부인도 좀 힘들어 보이더라고."

"그러면 대처 아저씨는요?"

레니가 다시 물었어.

"내가 얘기를 나눠 보니 대처 씨는 생각이 좀 달라진 것 같던데? 아끼면서 살아 봤자 별 소용없다고 말이야."

"왜 그렇게 생각해요?"

레니가 두 눈을 동그랗게 떴어.

다판다는 아주 쉬운 추리라는 듯 짤막한 가운뎃손가락을 흔들며 레니에게 물었어.

"대처 씨가 산 물건이 어떤 것들이었지?"

"옷, 구두, 가방, 넥타이 같은 거였어요. 생쥐 아저씨의 옷을 사서 선물로 주기도 했다고 해요. 가만, 대처 아저씨가 물건을 살 때 특별히 좋아하는 물질이 있었던 게 아닐까요? 세상에는 물체가 수없이 많지만, 물질은 그렇게 많지 않잖아요. 예를 들어 가방과 구두는 가죽, 옷과 넥타이는 섬유라는 물질로 만들어졌잖아요."

"오! 물체와 물질에 대해 정확히 알고 있구나."

"그럼요! 저 이래봬도 과학을 좀 하거든요!"

"훌륭한 추리지만, 그건 아니야. 대처 씨는 마을 동물들의 따돌림을 받으면서 외로움을 느꼈더라고. 너무 인색하게 굴어서 친구가 없었을 테니까. 나이가 들면서 돈보다 중요한 게 뭔지 뒤늦게 알게 된 거지. 그러면서 이제 무조건 아끼기보다는 자기가 가진 돈을 주변 동물들에게 쓰고 싶었던 거야."

"아하!"

레니는 다판다에게 이제부터 무얼 할 거냐고 물었어.

다판다가 일단 타타 양이 취직한 인쇄소를 조사해야겠다고 하자, 레니는 눈을 반짝반짝 빛내며 소리쳤어.

"이제부터 타타 누나의 뒤를 몰래 따라다니면 되는 건가요?"

"역시 하나를 가르쳐 주면 열을 깨우치는구나!"

다판다가 만족스러운 표정을 지었어.

그렇게 해서 다판다와 레니는 타타 양을 미행하기 시

작했어.

그런데 타타 양은 이른 아침부터 빅파이 백화점과 여기저기로 쇼핑하러 다닐 뿐, 출근은 하지 않았어. 카페에서 비싼 음료를 마시며 친구들과 빈둥거리다가 값비싼 식당에서 돈을 펑펑 썼지.

"타타 누나가 인쇄소로 출근하지 않네요?"

"좀 더 지켜보자꾸나. 탐정의 미행에는 인내심이 필요한 법이거든."

"네!"

다판다와 레니는 가로수 뒤에 숨어서 타타 양의 행동을 계속 지켜보았어. 이번에도 타타 양은 팔이 부러질 정도로 엄청난 쇼핑백을 들고 비틀거리면서 걸어가고 있었지.

타타 양의 행복에 젖은 목소리가 들려왔어.

그날 밤, 타타 양이 출근을 하려고 밖으로 나왔어.

"아, 출근할 때도 멋진 옷을 입을 수 있으면 좋으련만! 사장님은 왜 쇼핑한 물건을 몽땅 집에 두고 오라는 건지 모르겠어. 흥, 아무리 그래도 오늘 산 이 아름다운 흑진주 목걸이만큼은 포기할 수 없지!"

타타 양이 투덜거리며 걸어갔어. 그때 검은 옷에 복면을 쓴 동물들이 타타 양의 집으로 몰래 들어가지 뭐야.

수상쩍은 동물들을 본 레니는 다판다의 옷자락을 잡아당겼어.

"다판다 탐정님, 저기! 저기!"

"쉿!"

다판다는 검은 옷을 입은 동물들이 타타 양의 집으로 들어가서 오늘 쇼핑한 물건들을 몰래 갖고 나오는 걸 지켜보았어.

"저 동물들, 도둑질하는 거죠?"

"그럴 수도 있고, 아닐 수도 있고."

"네?"

레니가 황당한 표정으로 다판다를 바라보았어. 다판다는 주머니에서 또 무언가를 주섬주섬 찾고 있었어.

"탐정님, 이번에는 뭘 찾는 거죠?"

"먹다 남긴 치킨을 분명히 이쪽 주머니에 넣어 두었는데. 아! 치킨 한 조각만 있으면 모든 사건이 다 풀릴 것 같은데 말이야."

"헉, 치킨을 주머니에 넣는 동물이 어디 있어요?"

레니가 질색하며 대꾸할 때 마침 다판다는 주머니에서 식은 치킨 조각을 찾아냈어. 그리고 치킨을 맛있게 뜯으며 말했지.

"레니, 넌 지금 타타 양의 뒤를 쫓아가서 인쇄소의 위치를 알아내도록 해. 난 도둑질을 한 동물들을 쫓아갈 테니."

"좋아요!"

레니는 타타 양의 뒤를 살금살금 밟았지.

한참 길을 가던 타타 양은 아주 낡은 상가 건물로 들

어갔어. 금방이라도 허물어질 것 같은 곳이었지.

"이런 곳에 인쇄소가 있다니!"

주위를 두리번거리며 레니가 중얼거렸어.

2층 건물에 불이 켜지더니 타타 양의 모습이 보였다가 사라졌어.

다판다 탐정의 과학 퀴즈

Q 우리나라 지폐에는 위조 방지를 위해 다양한 방법이 사용되고 있다. 숨겨진 그림이나 홀로그램이다. 숨겨진 그림은 어떻게 찾을까? 또 홀로그램은 어떤 역할을 하는 걸까?

A 지폐에 숨겨진 그림은 찾는 방법은 간단하다. 빛에 지폐를 비춰 보면 홀로그램그림이 나타난다. 하지만 가짜 지폐는 나타나지 않는다.

홀로그램은 보는 방향과 위치에 따라 다른 그림이 나타난다. 그래서 위조지폐 방지에 많이 사용된다.

홀로그램은 매우 정밀하고 복잡한 패턴이 들어 있어서, 똑같은 패턴으로 복제하는 게 거의 불가능하다. 또 빛의 간섭을 이용해 3차원 이미지를 만든다. 빛의 방향에 따라 다르게 보여서, 다양한 각도에서 보면 색상이나 그림이 변한다.

홀로그램 안에는 매우 작은 글자나 그림 등을 숨겨 놓을 수 있어서 눈으로는 보이지 않지만, 특수 장비로 보면 잘 볼 수 있다. 그래서 전문가들은 특수 장비를 이용해 홀로그램을 살펴보고 진짜인지 가짜인지 구분한다.

4 위기의 다판다

"타타 양, 누구 따라오는 동물은 없었나?"

살짝 열린 인쇄소 문틈 사이로 낮은 목소리가 들려왔어. 그러나 누구인지 모습은 보이지 않았지.

"당연히 없었죠."

"오늘도 쇼핑을 꽤 많이 했나 보군. 아주 피곤해 보이는데?"

"사장님께서 월급을 정말 많이 주셔서 그동안 사고 싶

었던 건 몽땅 다 샀어요. 이거 보세요. 이 아름다운 흑진주 목걸이! 이것도 산걸요?"

"흠, 아주 비싸 보이는구만."

"네, 돈을 꽤 많이 줬어요. 정말 아름답죠?"

타타 양이 목걸이를 만지작거리며 자랑했어. 그러자 사장이라는 동물이 버럭 화를 냈지.

"내가 쇼핑은 마음껏 해도 되지만 반드시 그날 산 물건들은 집에 두고 오랬잖아!"

"하, 하지만 너무 예뻐서 그만……!"

"내일은 흑진주 목걸이를 꼭 집에 두도록 해."

"네, 네."

레니는 벽에 바짝 붙어 선 채로 타타 양과 인쇄소 사장이 하는 이야기를 엿들었어. 그때 누군가 계단을 올라오는 발걸음 소리가 들렸어. 놀란 레니는 어디로 숨어야 할지 몰라 숨이 멎을 것 같았어.

"레니, 조용!"

계단을 올라온 건 바로 다판다였어.

"휴, 도둑들은요?"

"이 건물로 들어가는 걸 보고 모조리 붙잡아 꽁꽁 묶어서 트럭에 가둬 두고 오는 길이야. 분명 인쇄소와 관련 있는 게 분명해."

그때 문틈 사이로 인쇄소 사장이 모습을 드러냈어.

인쇄소 사장은 험상궂게 생긴 부엉이였지. 두 눈은 크고 부리부리하고 부리가 매우 날카로워 보였어.

"흠, 어디서 본 것 같은데! 어디서 봤더라?"

다판다가 머리를 긁적이더니 주머니에서 주섬주섬 물건을 꺼내기 시작했어. 휴지, 양말, 칫솔, 치약, 풍선껌, 시계, 수갑, 장난감 권총 그리고 범죄자 수배 전단지도 나왔지.

"옳거니! 여기서 봤군."

다판다는 현상금이 붙은 수배 전단지를 펼쳐 보였어. 그 속에는 두 눈을 크게 부릅뜬 부엉이가 있었어.

"어때, 저 부엉이랑 닮은 것 같지?"

"헉, 인쇄소 사장이 지명 수배 중인 악당이었다니!"

"저 부엉이는 위조지폐를 만들어 쓰다가 경찰에 붙잡힌 악당이야. 그런데 경찰서로 옮기는 도중에 탈출했고, 엄청난 현상금까지 걸리게 됐지."

"타타 누나는 이 사실을 알고 있을까요?"

"아니, 그건 아닌 것 같아. 아까 타타 양의 집에 든 도

둑들은 저 부엉이의 부하들이었어. 타타 양이 쇼핑을 하면 그걸 몰래 집에서 훔쳐 냈던 거지.”

“헉, 그래서 타타 양에게 쇼핑한 물건을 모두 집에 두고 오라고 했던 거군요?”

“그래, 타타 양은 워낙 쇼핑을 많이 해서 무슨 물건이 사라졌는지도 몰랐던 거고.”

다판다는 아무래도 부엉이가 타타 양이 위조지폐로 사들인 물건을 되팔아서 큰돈을 벌고 있는 것 같다고 했어.

“그러면 이제 어떡해요?”

“레니, 넌 지금 경찰서로 달려가서 도움을 요청해. 난 부엉이가 하는 짓을 좀 더 지켜봐야겠어.”

“네!”

레니는 있는 힘껏 경찰서를 향해 달렸어.

그 사이, 부엉이가 타타 양에게 또 돈을 주었지.

“자, 이번 달 월급이니 받아.”

“어머, 사장님. 전 아무 일도 하지 않았는데요?”

"출근했으니, 돈을 받는 게 당연하지. 내일은 어떤 쇼핑을 할 참이지?"

"글쎄요! 무얼 사면 좋을까요?"

"보석은 어때? 기왕이면 목걸이, 팔찌, 반지를 세트로 다 사버리라고."

"호호호, 좋아요!"

타타 양이 싱글벙글 웃을 때였어.

"에-취!"

다판다가 실수로 재채기하고 말았지 뭐야. 소리가 얼마나 컸는지 낡은 상가 건물의 복도가 쩌렁쩌렁 울릴 정도였어. 그 소리를 듣고 놀란 타타 양이 문을 열고 뛰쳐나왔어.

"누구세요!"

"아, 안녕하세요. 저는 아까 그, 다판다 만물 트럭의 주인이에요."

다판다가 머리를 긁적이며 대답했어.

"여긴 어떻게 오신 거죠?"

"실은 아까 흑진주 목걸이를 팔 때 사은품도 드려야 하는데 빠트렸어요!"

"사은품요?"

"목걸이를 사면 흑진주 반지도 같이 드리거든요."

다판다가 급히 변명했어. 그러자 타타 양이 수상쩍은

표정으로 다판다를 빤히 쳐다보았지.

"그런데 제가 여기서 일하는 건 어떻게 알았죠?"

"그야, 좀 전에……!"

"제가 인쇄소에서 근무한다는 말은 한 적이 없는걸요? 게다가 이 인쇄소는 간판도 없어요!"

타타 양의 날카로운 질문에 다판다는 머리를 긁적이며 뒷걸음질을 쳤어. 바로 그때 험상궂은 표정의 부엉이가 나타났지.

"누구냐, 넌!"

"저, 저는……"

"꼼짝 마!"

부엉이가 다판다를 향해 총을 겨누었어. 놀란 타타 양이 두 손을 번쩍 들고 바들바들 떨었지.

"사, 사장님! 왜 이러세요!"

"내가 인쇄소의 위치는 아무에게도 들키지 않도록 하라고 했지! 그런데 나 몰래 다른 동물을 데려오다니, 무슨 수작이야?"

"저, 저는 정말 몰랐어요!"

타타 양이 떨리는 목소리로 소리쳤어. 그러자 부엉이는 다판다에게 누군지 당장 말하라고 다그쳤어.

"저는 사실 탐정이에요. 당신을 잡으러 왔죠."

"뭐?"

"당신, 쇼핑하기 좋아하는 타타 양을 이용해 위조지폐가 유통되는 것을 시험해 보고 있었던 거죠? 그리고 타타 양이 산 물건들을 모두 훔쳐 되팔았잖아요!"

"뭐라고요? 그게 사실인가요?"

타타 양이 떨리는 목소리로 물었어.

"크크, 그래. 내가 그랬지. 내 비밀을 눈치챘으니 그냥 둘 수 없겠군!"

부엉이가 음침한 미소를 짓더니 다판다를 향해 찰칵 총구를 겨누었어.

그러자 다판다는 주머니를 부산스럽게 마구 뒤지더니 무언가를 꺼내기 시작했어.

"지금 뭐하는 거예요!"

타타 양이 다급히 소리쳤어.

"잠깐, 잠깐만요!"

자물쇠, 장갑, 버선, 안경, 목도리 따위가 다판다의 주머니에서 줄줄이 나왔어.

"무슨 짓이야!"

부엉이가 버럭 소리쳤어.

그때 주머니에서 망토가 하나 튀어나왔지. 다판다는 얼른 그 망토를 입었어. 순간, 다판다의 모습이 감쪽같이 사라지고 말았어.

"헉, 어디로 사라진 거지?"

부엉이가 두리번거릴 때였어.

갑자기 부엉이의 손에 들린 권총이 획 날아가 버렸지.

'어엇?'

놀란 부엉이가 허둥지둥 권총을 집으려 했어. 그때 누군가 부엉이의 다리를 걸어 넘어트려 버렸어.

"으악!"

부엉이는 계단을 떼굴떼굴 굴렀어. 그리고 바닥에 쓰러졌을 때 눈앞에 경찰들의 반짝이는 구두코가 보였지. 레니가 경찰을 데려온 거였어.

그때 다판다가 다시 나타났어.

타타 양이 눈을 반짝이며 총알을 막아 주는 특수 망토를 갖고 싶다고 소리쳤어. 하지만 다판다는 손가락을 저으며 말했어.

"이것도 좀 비싸요. 투명 망토만큼은 아니지만."

타타 양은 주머니를 다 털어서 특수 고무 망토를 샀어. 그리고 경찰에 붙잡혀 가면서도 매우 신나 했지.

부엉이 일당과 타타 양까지 모두 잡혀가고 나서야 사건은 해결되었어.

사실 부엉이는 엄청난 현상금이 걸려 있는 악당이었어. 그런 악당을 붙잡은 덕분에 다판다는 현상금까지 받았지.

"우와, 다판다 탐정님. 이 현상금은 진짜 돈이겠죠?"

다판다와 레니가 다시 만물 트럭에 올라탔을 때였어. 코끼리 경찰이 부랴부랴 뛰어오더니 말했지.

"다판다 탐정님! 이번 사건의 범인인 부엉이가 당신을 만나고 싶어 해요."

"나를요?"

다판다와 레니는 코끼리 경찰을 따라갔어.

경찰은 다판다를 부엉이가 붙잡혀 있는 감옥으로 안내했지. 부엉이는 감옥 침대에 걸터앉아 인상을 팍 쓰고 있었어.

"나를 만나고 싶었다고?"

다판다가 묻자 부엉이가 벌떡 몸을 일으켰어.

"역시, 내 생각이 맞았군. 넌 백곰이 아니라 판다였어. 변장하고 있어서 미처 몰라봤군."

부엉이의 말에 다판다가 고개를 저었어.

"아니, 이건 변장이 아니라 원래 내 얼굴이라고! 난 태어날 때부터 검은 반점이 한쪽 눈에만 있었어. 그래서 동물들이 모두 나를 백곰이라고 생각하는 거지."

"ㅎㅎㅎ. 그 반점이 양쪽 눈에 다 있었다면 너도 납치되었을 거야. 판다는 값을 아주 후하게 쳐주거든."

"납치? 설마 그 말은 네가 내 여자 친구를 납치했다는 거야?"

　다판다가 다급히 물었어. 하지만 부엉이는 더 이상 아무 말도 하지 않겠다는 듯 입을 꾹 닫아 버렸지.

　"말해! 말하라고! 내 여자 친구가 어디 있는지!"

"후후, 넌 절대 찾지 못할 거야. 그분은 나처럼 실수할 분이 아니거든."

부엉이의 웃음에 다판다의 얼굴이 일그러졌어.

다판다는 쇠창살을 붙잡으며 여자 친구가 어디 있는지 알려 달라고 소리쳤지만 부엉이는 입을 꾹 다물었지.

부엉이가 다판다를 피해 몸을 획 돌릴 때, 레니가 잽싸게 부엉이의 옷 주머니에서 떨어져 바닥에 있던 종이를 슬쩍 했어. 다판다가 크게 소리를 치며 쇠창살을 흔드는 바람에 레니가 한 행동을 아무도 눈치채지 못했지.

"다판다 탐정님. 이것 좀 봐요."

레니가 흥분한 다판다의 옆구리를 툭툭 찌르며 소곤거렸어. 그 종이에는 이렇게 쓰여 있었어.

비스킷 마을에 가짜 돈을 뿌릴 것.
다음 명령은 시시해 마을로 가면 알 수 있을 것임.
-X-

다판다는 레니가 가져온 종이에 쓰인 글을 몇 번이고 읽고, 또 읽었어. 아무래도 부엉이에게 명령을 내리는 다른 동물이 있는 것 같았지. 그리고 다판다의 예측이 맞다면, 그 X라는 동물이 다판다의 여자 친구도, 레니의 부모님도 데리고 있는 게 틀림없을 거야.

"X……. 대체 넌 누구냐!"

다판다가 주먹을 꽉 움켜쥘 때였어. 레니가 쪼르르 달려와 소리쳤지.

"다판다 탐정님, 시시해 마을은 여기서 400킬로미터도 넘게 떨어져 있는 곳이래요. 빨리 출발해야 해요!"

성격 급한 레니는 벌써 시시해 마을로 떠날 준비를 마친 상태였지.

"사건이 있는 곳에 다판다 만물 트럭이 간다!"

"아이아이 그리고 레니의 부모님을 찾아서!"

이번만큼은 다판다도 우물쭈물 망설이지 않았어.

다판다 탐정의 과학 교실
물질의 성질을 밝혀라!

🐼 서로 다른 성질의 물질이 섞이면 어떻게 될까?

🦊 어, 그런데 탐정님과 저는 성질이 엄청 다르잖아요. 다른 성질끼리 섞이면 변하는 거 아니에요?

🐼 모든 물질이 그런 건 아니야. 섞기 전에 각 물질이 가지고 있던 성질이 섞은 후에도 변하지 않는 경우도 있어.

🦊 웅, 어려워요.

🦝 쓴 커피랑 달콤한 설탕을 섞어 보렴. 커피의 쓴맛과 설탕의 단맛이 그대로 살아 있잖아.

🦊 그러면 성질이 섞였을 때 합쳐지는 게 좋은 건가요? 그대로인 게 좋은 건가요?

🦝 글쎄, 뭐가 더 좋은지는 모르겠지만 분명한 건 너랑 나랑은 합쳐지지 않는 게 더 좋은 것 같지?

🦊 음, 나의 민첩함과 다판다의 꼼꼼함이 합쳐져서 이렇게 사건 해결이 척척 되니까요?

🦝 그렇지! 참, 물질의 성질을 알 수 있는 방법은 색깔로 구분하는 것도 있고, 만졌을 때의 느낌으로 구분하는 방법도 있어. 긁히는 정도로도 구분할 수 있고, 구부러지는 정도, 물에 뜨는 정도로도 구분할 수 있지.

🦊 다판다 탐정님과 제 성질은 뭘로 구분하죠?

🦝 음…… 먹는 걸로?

고무가 가진 성질은 무엇일까?

🐿️ 다판다 탐정님! 범인이 도망치고 있어요. 어떻게 좀 해봐요!
🐼 잠시만, 고무줄이 어디 있을 텐데……
🐿️ 빨리요!

🐿️ 고무줄이 점점 늘어나고 있어요! 저 녀석이 도망치고 있잖아요!
🐼 걱정 마, 고무는 늘어났다가 다시 원래대로 돌아오는 성질이 있으니까.

- 아하! 늘어났던 고무줄이 다시 돌아오네요!
- 원래대로 돌아오는 고무의 성질을 이용해서 만든 것이 바로 자동차 바퀴나 고무장갑, 신발 밑창, 공, 풍선 같은 거야. 이런 건 충격을 받아도 원래대로 돌아오고, 잘 미끄러지지도 않아서 매우 유용하거든.
- 역시 다판다 탐정님은 엄지척!

물질의 성질을 어떻게 이용할 수 있을까?

🐼 자, 여기, 나무막대!

🦊 허푸, 튜브 같은 걸로 구해 줘야죠! 나무막대로 뭘 어쩌라고요!

🐼 물질은 저마다 다른 성질이 있다는 건 알고 있겠지?

🦊 그, 그럼요. 어푸어푸!

🐼 나무막대는 물에 뜨는 성질이 있어. 물론 모든 막대가 물에

뜨는 건 아니야. 철로 만든 막대는 물속에 넣자마자 가라앉겠지? 고무 막대도 물에 가라앉고.

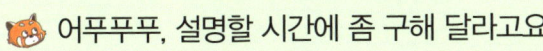 어푸푸푸, 설명할 시간에 좀 구해 달라고요!

레니의 과학 탐정 일기

월   일

1. 물체를 만드는 재료를 '물질'이라고 한다.
2. 우리 주변에 있는 물체들은 다양한 기준으로 분류할 수 있다. 색깔, 모양, 크기, 쓰임새, 이루고 있는 물질 등.
3. 물질마다 다른 성질이 있으므로, 물체의 기능에 잘 맞는 물질을 선택해 물체를 만들면 좋다.

글쓴이 서지원

한양대학교 국문학과를 졸업했어요. 지식과 교양을 유쾌한 입담과 기발한 상상력으로 전하는 이야기꾼이에요. 지금은 어린 시절 꿈인 작가가 되어 하루도 빠짐없이 글을 쓰고 있어요. 서울시 올해의 책, 원주시 올해의 책, 문화체육관광부와 한국도서관협회가 뽑은 우수문학도서 등에 선정되었으며, 현재 초등학교 교과서 집필진으로 활동하고 있어요. 작품집으로는 《어느 날 우리 반에 공룡이 전학 왔다》, 《자두의 비밀 일기장》, 《한눈에 쏙 세계사 2》, 《만렙과 슈렉과 스마트폰》, '호랑이 빵집' 시리즈, '몹시도 수상쩍다' 시리즈, '빨간 내복의 초능력자' 시리즈, '고구마 탐정' 시리즈 등 300여 종이 있어요.

그린이 이종혁

만화와 애니메이션을 전공하고 어린이 학습 만화의 스토리와 일러스트, 만화 작가로도 열심히 활동하고 있어요. 최근에는 인스타그램에 일상툰도 그리고 있답니다. 대표작으로는 《흔한 남매 이무기》, 《소맥거핀 일상 만화 2》가 있어요.

② 한밤중 위조지폐 사건

초판 1쇄 발행 2025년 4월 25일
초판 3쇄 발행 2025년 10월 30일

글쓴이	서지원
그린이	이종혁
펴낸이	이혜경
펴낸곳	니케북스
출판등록	2014. 4. 7. │ 제 300-2014-102호
주소	서울시 종로구 새문안로 92 광화문 오피시아 1717호
전화	(02)735-9515 │ 팩스 (02)6499-9518
전자우편	nikebooks@naver.com
블로그	blog.naver.com/nikebooks
페이스북	facebook.com/nikebooks
인스타그램	(니케북스) @nike_books
	(니케주니어) @nikebooks_junior

ISBN 979-11-94809-00-5 74810
      978-89-98062-90-3 74810(세트)

니케주니어는 니케북스의 아동·청소년 브랜드입니다.

책값은 뒤표지에 있습니다.
잘못된 책은 구입한 서점에서 바꿔 드립니다.

어린이제품 안전특별법에 의한 표시사항

제조자명 니케북스 제조국 대한민국 사용연령 8~13세 제조년월 판권에 별도 표기
주소 서울시 종로구 새문안로 92 광화문 오피시아 1717호 연락처 02-735-9515
주의사항 책 모서리나 종이에 긁히거나 베이지 않게 조심하세요.